STERBLICHKEIT UND ERBARMEN IN WIEN

Bibliografische Information der Deutschen Nationalbibliothek

Die Deutsche Nationalbibliothek verzeichnet diese Publikation in der Deutschen Nationalbibliografie; detaillierte bibliografische Daten sind im Internet über http://dnb.dnb.de abrufbar.

Translated from the English language:
MORTALITY AND MERCY IN VIENNA
FIRST PUBLISHED IN EPOCH, VOL. IX NO. 4

Umschlaggestaltung: BoutiqueBrutal.com
Druck und Bindung: GGP Media GmbH, Pößneck
ISBN 978-3-99027-267-1

MIX
Papier aus verantwortungsvollen Quellen
FSC® C014496
FSC www.fsc.org

THOMAS PYNCHON

Sterblichkeit und Erbarmen in Wien

aus dem amerikanischen Englisch
von Jürg Laederach
mit einem Nachwort von Clemens Setz

JUNG
UND
JUNG

Just als Siegel bei der Adresse, die Rachel ihm gegeben hatte, angelangt war, fing es an zu regnen. Den ganzen Tag hatten zackig silhouettierte Regenwolken tief über Washington gehangen und den Gymnasiasten auf ihren Abschlussreisen die Aussicht von der Spitze des Monuments ruiniert, hatten kurze Sturmböen gebracht, die die Touristen quiekend und fluchend auf der Suche nach Schutz hineintrieben, das zarte Rosa der Kirschblüten trübten, die soeben aufgesprungen waren. Die Adresse war ein kleines Mietshaus an einer ruhigen Straße in der Nähe des Dupont Circle, und Siegel tauchte in die Eingangshalle, hinein aus dem Regen, und klammerte sich an seinen Flachmann mit Scotch, den er trug, als wär's ein Staatsgeheimnis. Zeiten hatte es gegeben – während des vergangenen Jahres, an der Avenue Kleber oder der Viale delle Terme di Caracalla –, wo eine Aktentasche an der Stelle gesessen hatte, wo der Flachmann jetzt saß, und derselbe tweedbekleidete Arm hatte sich an sie gepresst, im Kampf gegen Regen, mit einem Termin oder irgendeinem bürokratischen Zwang. Und fast jedes Mal, besonders wenn er von der vorangegangenen Nacht einen Kater nachschleppte oder wenn eine Frau, die jüngeren Diplomatenkollegen zufolge eine sichere Sache war, sich plötzlich als so viel mehr als sicher herausstellte, so dass das Ganze schlussendlich nicht einmal die paar Drinks wert gewesen war, pflegte er seinen Kopf zu schütteln wie ein Betrunkener, der nicht mehr doppelt sehen möchte, da er sich plötzlich des Gewichts der Aktentasche und der Bedeutungslosigkeit ihres Inhalts bewusst geworden war und der Dummheit dessen, was er hier tat, weit weg von Rachel, auf einem finsteren, aber klar bezeichneten Weg durch einen Dschungel von Pfändungen und Beeidungen und juristischen Aussagen; er fragte sich, warum er sich in seinen ersten Tagen beim Untersuchungsausschuss überhaupt je als eine Art Wunderheiler hatte betrachten müssen, wenn er ja doch immer gewusst hatte, dass einen Wunderheiler – eigentlich für einen Propheten, denn wenn man das Ganze überhaupt ernst nahm, musste man beides sein – Abrechnungstabellen oder juristische Verwicklungen nicht kümmerten, und dass man in dem Moment, wo man sich auf so etwas einließ, etwas Geringeres wurde – ein Arzt oder ein Wahrsager. Als er dreizehn gewesen war, etwas weniger als einen Monat nach seiner Bar Mizwa, war seine Kusine Miriam an Krebs gestorben, und vielleicht hatte damals – als er auf einer Orangenkiste in einem verdunkelten Raum weit über dem Grand Concourse Schiwa saß und hager und, obschon erst dreizehn, ein wenig wie ein John-Buchan-Held aussah und starr auf den symbolischen Rasierklingenschnitt auf halber Höhe seiner schwarzen Krawatte starrte – diese Einsicht allmählich zu wachsen begonnen, weil er sich noch immer an Miriams Mann erinnerte, wie er Zeit, den Arzt, und das für die Operation hinausgeworfene Geld sowie die ganze American Medical Association verfluchte und enthemmt und schamlos in seinem düsteren heißen Zimmer hinter den heruntergelassenen Jalousien weinte, und das hatte Siegel als Jungen so verstört, dass er, als sein Bruder Mike fürs erste Medizinsemester nach Yale gegangen war, Angst hatte, etwas werde schieflaufen und Mike, den er liebte, werde schließlich, genau wie Zeit, bloß ein Arzt werden und eines Tages ebenfalls von einem desillusionierten Ehemann in zerrissenen Kleidern in einem dämmrig-zwielichtigen Schlafzimmer verflucht werden. Deshalb stand er da irgendwo auf der Straße herum, bewegte sich nicht, hielt sich an der Aktentasche fest und dachte über Rachel nach, die barfuß einen Meter fünfundvierzig Zentimeter maß, einen bleichen und schmalen Hals hatte, einen Modigliani-Hals, und deren Augen nicht spiegelbildlich gleich waren, sondern beide gleich schräg geschlitzt, dunkelbraun fast bis zur Unergründlichkeit, und tauchte nach einer Weile wieder an der Oberfläche auf, um sich zu ärgern, dass er sich mit diesen Dingen abgab, wo doch die Dokumente in der Mappe schon seit einer Viertelstunde im Büro hätten sein müssen; und bemerkte widerwillig, dass das Rennen gegen die Zeit, das Bewusstsein, ein unerhebliches Rädchen im Betrieb zu sein, der »élan« – ein beinahe schurkischer – des Playboy-Elements in der Untersuchungskommission, das gut zu seinem Habitus eines britischen Stabsoffiziers passte – und sogar das Planen und Gegenplanen zwischen den Abteilungen, das sich um zwei Uhr früh in Jazzkellern, in Mietspensionen über Brandy und Soda fortsetzte, letztlich höchst aufregend waren. Und diese bangen Phasen hatte er überhaupt nur, wenn er in der Nacht zuvor, um einem Kater vorzubeugen, keine Vitamin-B-Tabletten genommen hatte. Die meiste Zeit behauptete sich der helläugige, buschig-schwänzige Siegel und betrachtete diese bangen Tage bloß als kurze Verirrungen. Weil es nämlich, wenn man es einmal genau betrachtete, Spaß machte, strategisch zu handeln. In der Armee hatte er nach der goldenen Regel gelebt, die da hieß: »Fick den Spieß, allbevor er dich ficket«; auf dem College hatte er später Mahlzeitencoupons gefälscht, Protestmeuten und Jagden auf Höschen angestiftet, die Campusmeinung über die Schulzeitung manipuliert; und dies war der mütterlicherseits ererbte Teil von ihm, von einer Mutter her, die im Alter von neunzehn eines Nachts irgendwo in Teufels Küche in einer Eisenbahnerwohnung mit ihrer Seele gerungen und, vom Schmugglerbier halb hinüber, Thomas, dem Aquinaten abgeschworen hatte und aus der katholischen Kirche ausgetreten war; die ihren Gatten zufrieden anzugrinsen pflegte und von ihm als einem unbedarften Tölpel sprach, der gegen ihre weibliche List nie die geringste Chance gehabt habe, und Siegel den Rat gab, nie eine Schickse zu heiraten, sondern sich ein nettes, ruhiges, jüdisches Mädchen zu suchen, weil man dann wenigstens beim Startschuss schon losgelaufen sein dürfe. Dafür hatte ihn sein Zimmerkollege im zweiten Studienjahr am College Stephen getauft und ihn wegen seiner stillen kleinen Jesuitenstimme erbarmungslos gehänselt, die ihn davor bewahrte, entweder herumgestoßen oder schuldbewusst oder ganz einfach wirkungslos zu werden, wie es in Grossmanns Augen bei vielen anderen jüdischen Jungen am Campus der Fall zu sein schien. »Außerdem, Grossmann«, hatte Siegel erwidert, »bewahrt es mich vielleicht davor, ein Schmock zu werden wie du.« Grossmann lachte und steckte seine Nase wieder in ein Lehrbuch. »Dies ist der Same deiner Vernichtung«, murmelte er. »Kein Haus, das in sich gespalten ist? Du weißt schon.« Nun ja, da stand er also, dreißig Jahre und auf dem Weg, ein Karrierist zu werden, und dachte nicht groß an Vernichtung, vor allem weil er ihr weder einen Namen noch ein Gesicht geben konnte, außer die von Rachel, und daran glaubte er nicht recht. Mit dem Flachmann unter dem Arm stieg er zwei Treppen hoch, und die paar Regentropfen, die ihn erwischt hatten, glänzten auf dem schäbigen Vlies seines Tweedmantels. Hoffentlich hatte sie sieben gesagt – er war ziemlich sicher, aber es wäre peinlich, wenn er zu früh da wäre. Er drückte den Summer vor einer Tür, auf der 3F stand, und wartete. Drin schien alles ruhig, und er begann sich zu fragen, ob sie nicht vielleicht um acht gesagt hatte, als die Tür aufging und ein wild aussehender, langgliedriger Mann mit grimmigen Augenbrauen in einem Tweedmantel, der etwas, das wie ein Schweinefötus aussah, unter dem Arm trug, vor ihm stand und, ein leeres Zimmer im Rücken, ihn anstarrte, und Siegel stellte verärgert fest, dass er es vermasselt hatte und dass dreißig Jahre eine lange Zeit sind und dies womöglich die ersten Anzeichen seiner Senilität waren. Sie standen einander wie leicht verschwommene Spiegelbilder gegenüber – verschiedene Tweedmuster, Scotch-Flachmann und Schweinefötus, aber kein Größenunterschied –, während Siegel ein Gefühl aus Unbehagen und ehrfürchtiger Bewunderung wahrnahm, und das Wort »Doppelgänger« stieg in seinem Verstand gerade an die Oberfläche, als die Augenbrauen des anderen sich zu Zwillingsparabeln hochzogen und er seine freie Hand ausstreckte und sagte: »Sie sind zu früh, aber kommen Sie rein. Ich bin David Lupescu.« Siegel schüttelte ihm die Hand, stammelte seinen eigenen Namen, und der Zauber war gebrochen; er schaute sich den Gegenstand unter Lupescus Arm an und sah, dass es tatsächlich ein Schweinefötus war, roch den leisen Geruch von Formaldehyd und kratzte sich am Kopf. »Ich habe etwas Schnaps mitgebracht«, sagte er. »Tut mir leid, ich hatte gedacht, Rachel habe sieben gesagt.« Lupescu lächelte unbestimmt und schloss die Tür hinter ihm. »Machen Sie sich keine Sorgen«, sagte er, »ich muss das Ding da irgendwo abstellen.« Er begleitete Siegel zu einem Sessel und nahm ein altmodisches Glas von einem Tisch, dann einen Stuhl gleich daneben, schleppte den Stuhl zum Eingang dessen, was Siegel für die Küche hielt, stellte sich auf den Stuhl, nahm einen Reißnagel aus seiner Tasche, bohrte ihn durch die Nabelschnur des Schweinefötus und befestigte diesen am Rahmen über dem Eingang, hämmerte ihn mit dem Boden des Glases hinein. Er hüpfte vom Stuhl herunter, und über ihm schwang der Fötus gefährlich hin und her. Er schaute zu ihm hinauf. »Ich hoffe, da bleibt er«, sagte er, drehte sich dann zu Siegel um. »Reizend, nicht wahr?« Siegel zuckte die Schultern. »Dada-Ausstellung in Paris, Weihnachtstag 1919«, sagte Lupescu, »da benützte man so einen statt des Mistelzweigs. Aber zehn zu eins, von *dieser* Gruppe bemerkt das keiner. Kennen Sie Paul Brennan? Der merkt's nicht.«

»Ich kenne niemanden«, sagte Siegel, »ich habe irgendwie den Kontakt verloren. Ich bin gerade erst letzte Woche aus Europa zurückgekommen. Der ganze alte Haufen scheint sich verflüchtigt zu haben.«

Lupescu steckte die Hände in die Tasche und schaute sich im Zimmer um. Er brütete. »Ich weiß«, sagte er grimmig. »Große Fluktuation. Aber die Typen bleiben konstant.« Er ging zur Küche, schaute hinein, schritt zu den Fenstertüren zurück, drehte sich dann plötzlich um und schnellte, einen Zeigefinger ausgestreckt, auf Siegel zu. »Sie«, brüllte er beinah. »Natürlich. Sie sind perfekt.« Drohend schob er sich auf Siegel zu, stand riesengroß über ihm. »*Mon semblable*«, sagte Lupescu, »*mon frère*.« Er starrte Siegel an. »Ein Zeichen«, sagte er, »ein Zeichen, und die Erlösung.« Siegel konnte die Alkoholwolken in Lupescus Atem riechen. »Ich bitte um Entschuldigung«, sagte Siegel. Lupescu begann, den Raum abzuschreiten. »Nur eine Frage der Zeit«, sagte er. »Heutabend. Klar. Warum. Warum nicht. Schweinefötus. Symbol. Gott, was für ein Symbol. Und jetzt. Freiheit.

Erlösung«, schrie er. »Genie. Flasche. Jahrhundert um Jahrhundert, bis Siegel, seines Zeichens Seelenfischer, den Korken ausm Flaschenhals zieht.« Er fing an, im Raum umherzurennen. »Regenmantel«, sagte er und fischte einen Regenmantel vom Sofa, »Rasierzeug.« Er verschwand einen Augenblick in der Küche, kam mit einer Tasche Toilettezeug in der Hand zurück, trug den Regenmantel. Unter der Tür hielt er inne. »Gehört alles Ihnen«, sagte er. »Jetzt sind Sie der Gastgeber. Als Gastgeber sind Sie eine Dreifaltigkeit: (a) Empfänger von Gästen« – er zählte sie an seinen Fingern ab – »(b) ein Feind und (c) eine äußerliche Manifestation, für *sie*, des göttlichen Leibes und Blutes.«

»Warten Sie einen Moment«, sagte Siegel, »wo zum Teufel wollen Sie hin?«

»Das Draußen«, sagte Lupescu, »aus dem Dschungel raus.«

»Aber, he, schauen Sie, das kann ich nicht. Ich kenne ja keinen von diesen Leuten.«

»Gehören alle dazu«, sagte Lupescu leichthin, »das werden Sie rasch genug mitkriegen«, und war zur Tür hinaus und weg, ehe Siegel sich eine Antwort überlegen konnte. Zehn Sekunden später ging die Tür wieder auf, und Lupescu steckte den

Kopf herein und blinzelte. »Harr Kurtz – is tot«, verkündete er eulenhaft und verschwand. Siegel saß da und starrte auf den Fötus. »Zum Teufel, was jetzt?«, sagte er langsam. Er erhob sich und schlenderte quer durchs Zimmer, dorthin, wo das Telefon stand, und wählte Rachels Nummer. Als sie abhob, sagte er: »Feine Freunde hast du da.«

»Wo bist du?«, fragte sie. »Bin grad zurückgekommen«, erklärte Siegel. »Gut, ich bin froh, dass du anrufst«, sagte Rachel. »Ich hab in deiner Wohnung angerufen, und du warst nicht da. Ich wollte dir sagen, dass die Schwester von Sallys Schwager, ein reizender kleiner Fratz von vierzehn Jahren, soeben zufällig aus einem Mädchenpensionat aus Virginia in die Stadt gekommen ist, und Sally ist mit Jeff ausgegangen, also muss ich hierbleiben und sie unterhalten, bis Sally zurückkommt, und bis ich hier wegkomme, wird der ganze Alkohol alle sein: Ich kenne Lupescus Partys.«

»Du lieber Gott«, sagte Siegel gereizt, »das ist lächerlich. Wenn Lupescus Freunde ihm auch nur im Geringsten ähnlich sind, dann dringt hier bald eine Herde wütender Wahnsinniger ein, von denen ich keinen kenne. Und jetzt bleibst auch du noch weg.«

»Ach, die Bande ist ganz nett«, sagte sie. »Vielleicht ein bisschen seltsam, aber ich glaub, du wirst sie mögen. Du solltest bleiben.« Plötzlich wurde die Tür mit Gewalt aufgetreten, und herein taumelte ein fetter, rotgesichtiger Halbwüchsiger in einem Seemannsanzug, der ein Mädchen huckepack auf dem Rücken trug. »Luupeehskuuh«, schrie der Seemann, »wou bischt duh, duh ruhmähnischer Huränsoohn.«

»Warte mal«, sagte Siegel, »was war das genau?«, fragte er den Seemann, der seinen Passagier auf dem Boden abgeladen hatte. »Mannomann, ik sachte, wos Luupeehskuuh«, sagte der Seemann. »Gott«, stammelte er ins Telefon, »sie kommen, die ersten sickern schon herein. Was soll ich tun, Rachel, die können nicht mal Englisch. Da steht so ein Typ, der nach Seemann aussieht und eine Sprache spricht, die kein menschliches Ohr je gehört hat.«

»Schatz«, lachte Rachel, »hör doch auf, dich wie ein Kriegsfilm aufzuführen. Wahrscheinlich ist das nur Harvey Duckworth, der kommt aus Alabama und hat einen charmanten Südstaatenakzent. Du wirst glänzend mit ihm auskommen, das hab ich im Gefühl. Ruf mich morgen an und lass mich wissen, was alles passiert ist.«

»Warte«, sagte Siegel verzweifelt, aber sie hatte schon Bye-bye gesagt und aufgehängt. Da stand er mit dem toten Hörer in der Hand. Harvey Duckworth stampfte in den anderen Zimmern herum und brüllte nach Lupescu; und das Mädchen, das sehr jung war und langes schwarzes Haar hatte und große Ohrreifen, ein Sweatshirt und Bluejeans trug – Siegel schien sie eine perfekte Parodie des Boheme-Girls der Vierzigerjahre –, stand auf und schaute Siegel an. »Ich will ins Bett mit dir«, intonierte sie dramatisch, und auf einmal wurde Siegel fröhlicher. Er legte den Hörer auf die Gabel zurück und lächelte. »Tut mir leid«, sagte er sanft, »aber Notzucht nach dem Strafgesetz und so, weiß du. Willst du einen Drink?« Ohne eine Antwort abzuwarten, ging er in die Küche und fand Duckworth, der auf dem Waschtrog saß und eine Weinflasche zu öffnen versuchte. Plötzlich schoss der Korken heraus, und die Flasche rutschte weg, und Chianti spritzte über Duckworths ganzes Seemannskleid. »Gopfertammich«, sagte Duckworth und starrte auf die Purpurflecken. »Bärmlicher Ginese konnicht mohl äine Floschn richtig mochn.« Die Klingel ging, und Siegel rief: »Geh du, ja, mein Schöner«, und hob die Chianti-

Flasche vom Boden auf. »Gibt ja noch mehr«, sagte er aufmunternd. Langsam fühlte er sich heiter, es war nicht zu unterdrücken; eine gewisse Leichtigkeit im Kopf, seinem Gefühl nach konnte es eines der ersten Stadien der Hysterie sein, er hoffte aber, es sei ein Rest jener alten Lässigkeit, die ihn in den vergangenen zwei Jahren in Europa getragen hatte. Im anderen Zimmer hörte er etwas, das wie ein Chor brüllender Jungen klang, die dreckige Limericks intonierten. Das Mädchen kam herein und sagte: »O Gott, es ist Brennan mit seinen Freunden.«

»O du liebes Libsel«, sagte Siegel, »die scheinen ja prächtig bei Stimme.« Waren sie, tatsächlich. In seiner neuen Liebenswürdigkeit schien es Siegel, dass die Geschichte vom Igel, der eine Affäre mit einem Kaktus hatte, tiefere menschliche Bedeutung annahm und vergoldet wurde durch ein gewisses transzendentales Licht, das ihn an das bewusste Schlusstrio von *Faust* erinnerte, wo die goldenen Stufen herabsinken und Margarethe gen Himmel fährt. »Wirklich hübsch«, staunte er. Voll Ekel betrachtete das Mädchen Duckworth und lächelte Siegel dann breit zu. »Übrigens«, sagte sie, »ich bin Lucy.«

»Hi«, sagte Siegel. »Mein Name ist Cleanth, aber meine Freunde nennen mich Siegel, aus Mitleid.«

»Ja, aber wo ist eigentlich Dave. Ich könnte ihn ohrfeigen, dass er Brennan, diesen Trottel eingeladen hat.«

Siegel schürzte die Lippen. Teufel, das alles war unmöglich. Er musste jemanden ins Vertrauen ziehen. Er nahm sie bei der Hand und führte sie ins Schlafzimmer und setzte sie auf ein Bett. »Nein«, sagte er geschwind, »nicht, was du denkst.« Er erzählte ihr von Lupescus plötzlichem Verschwinden, und sie zuckte die Schultern und sagte: »Vielleicht ist das gut so. Er wäre früher oder später übergeschnappt, er wurde langsam wie 'n Ureinwohner.«

»Eine seltsame Art, es auszudrücken«, sagte Siegel. In Washington D.C. ein Ureinwohner werden? Sicher, er hatte das an exotischeren Orten gesehen. Er erinnerte sich an einen Cartoon von Peter Arno im *New Yorker*, den er immer gemocht hatte und der eine junge Frau im Apachenkostüm zeigte, die einem lasterhaft aussehenden Franzosen in einem Gehsteigcafé auf dem Schoß saß; und der Freund der jungen Frau, offenbar ein amerikanischer Tourist, mit Kamera, Tragtasche und Fremdenführer bewaffnet, sagte mit dem Ausdruck des Entsetzens: »Aber Mary Lou, du meinst, du kommst nicht nach Bryn Mawr zurück, nie*mals*?« Und doch waren seltsamere Dinge geschehen. In den zwei Semestern, die er in Harvard verbracht hatte, war Siegel Zeuge des schrittweisen Verfalls seines Zimmerkollegen Grossmann geworden, eines stolzen und stiernackigen Ureinwohners von Chicago, der das Vorhandensein jeder Zivilisation außerhalb von Cook County schlicht leugnete und für den Boston noch schlimmer war als Oak Park, ja, tatsächlich eine Art Apotheose der asthenischen Langeweile und des Puritanismus. Grossmann war davon in königlicher Verachtung unbefleckt geblieben, lebte von der geistigen Hand in den Mund, bis er und Siegel und ein paar Freunde und eine Gruppe Mädchen aus Radcliffe eines Heiligabends in Beacon Hill Weihnachten feiern und singen waren. Ob es der mitgebrachte Schnaps war oder der Umstand, dass Grossmann gerade nicht nur Santayanas *The Last Puritan*, sondern auch ein beträchtliches Stück T.S. Eliot gelesen hatte – und deshalb für Tradition im Allgemeinen und für Weihnachten in Beacon Hill im Besonderen empfänglicher gewesen sein mag – oder einfach nur Grossmanns betrübliche Tendenz, in Gesellschaft von Mädchen aus Radcliffe sentimental zu werden, jedenfalls war er doch so berührt, dass er Siegel später am Abend davon in Kenntnis setzte, es gebe vielleicht in Boston doch ein paar menschliche Wesen. Und dies war der erste winzige Riss in diesem mittelwestlichen Dünkel gewesen, den er bis dahin getragen hatte wie ein Torero seine Capa; nach dieser Nacht ging es nur noch bergab. Die Radcliffe- und Wellesley-Mädchen, mit denen Grossmann Mondscheinspaziergänge unternahm, konnten nicht patrizisch genug sein; er entdeckte hinter dem Soldatendenkmal in Concord eine wunderbare Stelle zum Vögeln; er fing an, einen schwarzen Schirm zu tragen, und gab alle seine grellen Kleider weg, um sie durch makellose und kostspielige Tweeds und Kammgarne zu ersetzen. Siegel war von all dem leicht irritiert, aber erst, als er eines Nachmittags zu Frühlingsbeginn die gemeinsamen Räume in Dunster betrat und Grossmann überraschte, wie er mit dem Schirm unter dem Arm und hochmütig hochgezogenen Augenbrauen und edel geblähten Nüstern vor dem Spiegel stand und immer und immer wieder sagte: »Ich hab meinen Wagen im Hof von Harvard geparkt«, wurde ihm das Ausmaß der Ausschweifungen seines Zimmerkollegen schlagartig bewusst. Die starken nasalen Rs, die Siegel insgeheim bewundert hatte, waren jetzt kraftlos und blässlich; und in diesem klassischen Schibboleth erkannte Siegel den Schwanengesang des armen unschuldigen Grossmann. Ein Jahr später bekam Siegel einen Brief, den letzten: Grossmann hatte ein Mädchen aus Wellesley geheiratet, und sie lebten in Swampscott. *Sit tibi terra levis*, Grossmann. Doch Siegel fragte sich, wie um alles in der Welt jemand in einer Stadt wie Washington, die gleichzeitig so mittelklassig und kosmopolitisch war, Wurzeln schlagen konnte. Man konnte ja ein Bourgeois oder jemand vom internationalen Parkett werden, aber das konnte in jeder Stadt vorkommen. Es sei denn, es hätte mit dem Ort gar nichts zu tun, sondern wäre eine Frage des inneren Triebs – es sei denn, es hätte etwas gegeben, was Leute wie Gauguin und Eliot und Grossmann verband, ein Motiv, das ihnen keine andere Wahl ließ; und deshalb fühlte sich Siegel, mochte das nun in Boston geschehen sein oder, in Gottes Namen, jetzt vielleicht sogar in *Washington* geschehen, unwohl und unwillig, zu viel darüber nachzudenken. Dieses kleine jesuitische Dingsda, dieser Poltergeist würde ihm wieder im Kopf herumtreten, genauso wie es die Aktentasche getan hatte, und er würde zurückgerufen werden in ein wirkliches Land, in dem Drinks gemixt und Bonmots achtlos hingeworfen werden mussten und man sich vielleicht um ein, zwei Betrunkene zu kümmern hatte. Es tat jetzt genau das. Also schaute er Lucy einfach nur forschend an und sagte: »Na, ich weiß nicht. Er schien irgendwie in die Traufe geraten zu sein. Vielleicht auch ein bisschen neurotisch.«

Die junge Frau lachte sanft und versuchte nicht mehr, eine Beziehung zu ihm aufzubauen, nicht einmal eine fürs Schlafzimmer; sie wollte jetzt unbedingt auf eigene Gedanken kommen, solche, auf die neugierig zu sein Siegel nicht bereit war und mit denen fertig zu werden er sich auch nicht zutraute. »Ein bisschen neurotisch«, sagte sie, »ist, wie ein bisschen schwanger sein. Sie kennen David nicht. Es geht ihm gut, Siegel, als Einzigem von uns allen.« Siegel lächelte. »Ich sollte den Mund halten«, sagte er, »ich bin fremd hier. Hör mal, Lucy, könntest du mir bei dieser Bande etwas behilflich sein?«

»Ich *Ihnen* behilflich?« Plötzlich schwach geworden, antwortete sie mit einer seltsamen Empfindung, die beides war, Unfähigkeit und Verachtung, dass er sich zu fragen anfing, wie gut es ihr wohl selber gehe. »Okay, ich schlage einen Handel vor. Beistandspflicht. Um die Wahrheit zu sagen, ich brauche eine Schulter, um mich daran auszuweinen.« Siegel warf einen raschen Blick hinter sich in die Küche, einen Blick, den sie auffing. »Kümmern Sie sich nicht um die«, sagte sie lächelnd, »die können eine Zeitlang auf sich selbst aufpassen. Die wissen, wo der Schnaps und alles ist.« Siegel lächelte, um Verzeihung bittend, schloss die Tür ganz und machte es sich, auf einen Ellbogen gestützt, auf dem Bett neben ihr bequem. An der Wand ihnen gegenüber hing ein Original-Klee; zwei gekreuzte STÄBE, Jagdflinten und ein paar Säbel hingen an den anderen Wänden herum. Das Zimmer war im schwedischen Stil spärlich möbliert und mit einem Spannteppich belegt. Er schaute auf sie hinunter und sagte: »Okay, heul los.«

»Ich weiß eigentlich nicht, warum ich Ihnen davon erzählen sollte«, begann sie, und es war, als hätte sie gesagt: »Pater, segnet mich, denn ich habe gesündigt«, denn Siegel dachte oft, dass, wenn man all die Schäbigen, Saftigen, gemischtgeschlechtlich verliebten Schulbanknachbarn, vom Großen Weh heimgesuchten Erstklasspassagiere – die ganze Masse der Erniedrigten und von Gott und der Welt Verlassenen –, die ihn mit dieser Eröffnungsformel angesprochen hatten, einen nach dem anderen aneinanderreihte, dann würde die Schlange sicher von hier bis zum Grand Concourse reichen und zurück zu einem schüchternen, spindelbeinigen Jungen mit einer zerschlitzten Krawatte. »Davon abgesehen«, fuhr sie fort, »dass Sie aussehen wie David, Sie haben dieselbe Art von Mitgefühl für jeden, der herumgestoßen wird, ich spür das irgendwie.« Siegel zuckte die Schultern. »So oder so«, sagte sie, »es ist Brennan und dieses Miststück, Considine.« Und sie fuhr fort zu erzählen, wie diese weibliche Wirtschaftssachverständige namens Debby Considine vor einer Woche von einer Forschungsreise nach Ontario zurückgekehrt war und wie Paul Brennan sich auf der Stelle wieder an ihre Fersen geheftet hatte. Draußen vor ihrem Mietshaus an der P Street stand ein Baum, und Brennan war auf diesen Baum geklettert und wartete, bis sie aus dem Haus kam, und verkündete dann jedes Mal seine Leidenschaft für sie in lauten, improvisierten Blankversen. Gewöhnlich lief eine kleine Menschenmenge zusammen, und schließlich kam eines Nachts die Polizei mit Leitern und holte ihn runter und zerrte ihn davon. »Und wen ruft er vom Posten aus an, um ihn gegen Kaution rauszuholen«, sagte Lucy. »Natürlich mich. Und dann auch noch vorm Zahltag. Der Dreckskerl hat's mir noch nicht mal zurückgezahlt. Und noch schlimmer, er hatte schon was aufm Strafregister. Krinkles Porcino, das ist Pauls Zimmerkollege, hat sich im Februar mit dieser Monica da verlobt. Die zwei waren echt verliebt, und Paul gefielen sie beide, so dass, als Sybil – sie lebte zu der Zeit mit David zusammen – Krinkles nachzulaufen begann und die Sache zu sprengen drohte – naja, einfach so, jedenfalls hat sie Paul in der Eingangshalle des Mayflower diese Schlampenszene gemacht, und zu guter Letzt hat Paul mit einer Wodkaflasche, die er gerade bei sich hatte, auf sie eingehauen, und sie haben ihn wegen Körperverletzung eingebuchtet. Und sicher hat David eine schlimme Zeit durchgemacht, denn er will absolut in nichts hineingezogen werden, aber Sam Fleischmann, der Paul abgrundtief hasst, seit Paul ihm mal für 100 Dollar faule Uran-Aktien verkauft hat, hat mit David solches Mitleid gehabt, dass er Sybil Briefe mit Gifttinte zu schreiben anfing, in denen er alles auf Paul schob. Er schrieb sie immer morgens, gleich nachdem wir aufgestanden waren, während ich Frühstück machte, und wir konnten beide nicht aufhören zu lachen, so komisch war das.«

»Ach was«, sagte Siegel, »haha.«

»Und dann, als Paul rausgekommen ist«, fuhr sie fort, »da war's doch ganz selbstverständlich, dass Harvey eine rasende Wut auf Paul bekam, weil er wusste, ich liebte Paul und schickte ihm Zigaretten und Plätzchen und so Zeug, während er im Knast gesessen ist, und eines Nachts hat er Paul einmal sieben Häuserblocks weit mit einem Bootsmannmesser durch den Theaterdistrikt gejagt. Das war irgendwie auch lustig, denn Harvey war in Uniform, und es brauchte schließlich vier Mann von der Küstenwache, um ihn zu überwältigen, und da hat er noch einem den Arm gebrochen und einen andern mit schweren Unterleibswunden ins Bethesda Marinehospital befördert. So, und jetzt ist Paul gegen Kaution draußen und droht damit, es Monica zu besorgen, weil sie mit

Sam zusammenlebt, aber was zum Teufel kann sie anderes tun, wenn Krinkles schon wochenlang nicht mehr in der Stadt ist, um von alldem loszukommen und so. Das Problem ist, dass dieser verfluchte Süchtige nicht weiß, wie *toll* sie wirklich ist, Siegel. Erst vor ein paar Tagen hat sie Krinkles' Baritonsax zur Pfandleihe gebracht, nachdem der arme Sam gerade seine Stelle an der Smithsonian-Bibliothek verloren hatte und am Verhungern war, bevor sie davon erfuhr und ihn zu sich nahm. Dieses Mädchen ist eine Heilige.« Auf die Art machte sie noch eine Viertelstunde weiter, legte wie ein tollpatschiger Hirnchirurg Synapsen und Schlingen frei, die nie ans Tageslicht hätten kommen dürfen, und enthüllte Siegel so die Anatomie einer Krankheit, die ernster war, als er erwartet hatte: das Ödland des Herzens, wo Schatten und einander kreuzende Fäden ungenauer Selbstanalyse und Freud'sche Fallgruben sowie Passagen mit tückischem Licht und täuschender Perspektive einen in jene gesteigerte hysterische Reizbarkeit hinauftreiben, wie es bestimmte Alpträume tun, die man haben kann, wenn die Augen offen sind und alles an der Szene vertraut ist und doch, flackernd hinter der Schranktür, verborgen unter dem Stuhl in der Ecke, dieses *Je ne sais quoi de sinistre* lauert, das einen schreiend in den Wachzustand zurücktreibt.

Bis schließlich einer von Brennans Freunden, den Lucy als Vincent vorstellte, hereingewandert kam und sie davon in Kenntnis setzte, dass schon jemand bei den Fenstertüren hinausgegangen sei, ohne sie zu öffnen; und Siegel wurde zu seiner Erschöpfung klar, dass das eben diese Art von Party werden würde, und nachdem er sich ohnehin schon allein dadurch kompromittiert hatte, neben einem Mädchen zu liegen, das er nicht kannte, und eine halbe Stunde lang die Rolle des Handtuchs zu spielen, in das jemand weinte, beschloss er im besten englischen Stabsoffiziersstil, die Zähne in die gute alte Flintenkugel zu schlagen und das Beste aus einer undankbaren Aufgabe zu machen.

In der Küche saß ein Pärchen auf dem Spültrog und knutschte; Duckworth, entsetzlich betrunken, lag auf dem Boden und warf mit Pistaziennüssen nach dem Schweinefötus; und eine Gruppe von vier oder fünf Leuten in Bermuda-Shorts saßen im Kreis und spielten Prince. Im anderen Zimmer hatte jemand eine Cha-Cha-Cha-Platte aufgelegt, und einige Paare improvisierten frei. Gespräche von vermeintlich echter Intelligenz waberten mit der falschen Grellheit von Hitzeblitzen durchs Zimmer: in der Dauer einer Minute schnappte Siegel die Worte »Zen«, »San Francisco« und »Wittgenstein« auf und empfand eine Art gelinder Enttäuschung, fast so, als hätte er irgendeine esoterische Sprache erwartet, etwas aus Albertus Magnus. Nebst dem Schweinefötus enthielt das Bild der Szene nur noch eine andere wirklich unpassende Note: ein dunkelfarbiger Mensch in zerschlissener Tropenuniform und einem alten Kordmantel, der wie ein Memento mori in einer Ecke stand, zurückgezogen und melancholisch. »Das ist Considines Neuester«, sagte Lucy, »ein Indianer, den sie aus Ontario mit zurückgebracht hat. Mensch, was für ein Prachtstück.«

»Er schaut traurig aus«, sagte Siegel. Jemand überreichte Siegel eine zweifelhafte Mixtur in einem altmodischen Glas, und er nippte automatisch daran, zog eine Grimasse und stellte es ab. »Er heißt Irving Loon«, sagte sie verträumt.

»Irving was?«, fragte Siegel.

»Loon. Er ist ein Ojibwa. Ach, da ist Paul. Schwatzt mit Considine, der Mistkerl.« Sie führte ihn in eine andere Ecke, wo ein zu klein geratener Jungmanagertyp gierig auf diese schlangenartige Brünette mit den Maskaraaugen einredete. Beim ersten Blick auf Debby Considine sog Siegel die Luft zu einem stillen Pfiff ein, ließ die vier Finger seiner linken Hand ein paarmal hin und her flattern und vergaß Irving Loon, die Prince-Spieler und die betrunkenen Seemänner. »*Marrone*«, flüsterte er. Lucy starrte ihn mit aufgerissenen Augen an. »Nicht auch Sie noch«, sagte sie wütend. »Diese ganzen gottverdammten Sexmaschinen.« Er wurde vorgestellt, und nach einer Weile gelang es Lucy, Brennan unter irgendeinem Vorwand wegzulocken, und Siegel war mit der Frau Wirtschaftsfachmann allein. »Und, wie war die Wildnis von Ontario?«, sagte er. Sie schaute ihn unter gesenkten Lidern hervor an. »So faszinierend«, murmelte sie mit einer rauen unbeteiligten Stimme. »Kennen Sie die Ojibwa?« Siegel begann, einen Stapel von IBM-Karteiblättern in rasendem Tempo durchzublättern. Es gab da etwas, was er wusste, was er vom College hatte. Es ärgerte ihn, dass es ihm nicht gelang, die Information aufzurufen, weil die meisten Vorlesungen, die er belegt hatte, keinen anderen Zweck hatten – zumindest hatte er in seiner ersten Studienhälfte immer dagegen protestiert –, als für Partys wie diese Gesprächsstoff bereitzustellen. Ojibwa-Indianer. Irgendwo in Ontario. Irgendwas Merkwürdiges, Komisches sogar, aber verdammt, er konnte es nicht näher bestimmen. »Sie schauen mitfühlend aus«, sagte Debby plötzlich. »Können wir irgendwo miteinander reden?«, und Siegel, der von seiner IBM-Kartei weggezogen wurde, dachte, du lieber Gott, nicht das schon wieder. Er führte sie ins Schlafzimmer, das allmählich wie ein pervers ausgestattetes Beichtzimmer aussah, und fragte sich, ob dies der Ort gewesen war, wo David Lupescu gebeugten Seelen lauschte. Er hatte eine Ahnung, dass es so war. Sie stand ganz nah vor ihm und spielte mit seiner Challis-Krawatte und gab die packend-spröde Nummer mit den Augenlidern noch einmal. »Sie sind der Gleiche«, flüsterte sie. »Sie besitzen die monumentale Unverfrorenheit von Lupescu. Sind Sie sicher, dass Sie nicht sein Doppelgänger sind?«

»Nein«, sagte Siegel, »ich bin nicht sicher. Aber fangen Sie ruhig an.« Sie zögerte, und er soufflierte: »Pater, segnet mich…«

Die Lider öffneten sich blitzartig. »David hat das auch so gesagt. Wer sind Sie, Siegel?«

»Im Moment: ein Beichtvater. Was liegt Ihnen auf der Seele, mein Kind?«

»Irving Loon«, sagte sie, während sie auf dem Bett saß und mit dem leeren Highballglas spielte, das sie mit hereingenommen hatte, ohne die Ironie wahrzunehmen, »noch in Ontario war er so glücklich. Wissen Sie, zur Zeit der Reisernte kommen alle Familien zusammen, alle glücklich, Beisammensein im Land der Ojibwas. Wilde Feste, Kämpfe, Sexorgien, Gemeinschaftssingen, Mannbarkeitsrituale. Jede Art von Lokalkolorit, man kann ein Notizbuch nach dem anderen damit füllen. Und dann Irving Loon, drei Meter groß, mit Fäusten wie Felsen und Manns genug, sogar ein mattes Herz wie meins in Unruhe zu versetzen.« Und dann, überraschend – und für Siegel beschämend –, fing sie an, eine Liste der Affären aufzuzählen, die sie in all den unterentwickelten Gebieten, die sie für das Außenministerium besucht hatte, eingegangen war; mehrere Seiten inoffizieller Statistik, die ein bisschen wie die Katalogarie in *Don Giovanni* klangen. Sie schien die Gewohnheit zu haben, männliche Exemplare aufzureißen, wo immer sie hinging, sie mit heimzubringen und sie dann nach ein paar Wochen fallenzulassen. Ihre Verflossenen lebten sich dann entweder in Der Gruppe ein oder fanden eine Nische in einer anderen Gruppe oder verschwanden völlig und für immer von der Bildfläche. Irving Loon aber, so versicherte sie, war anders. Er habe dieses Brütende an sich, wie James Dean. »Den ganzen Abend ist er in derselben Ecke gestanden«, sagte sie, »seit zwei Tagen hat er kein Wort mehr gesprochen. Ich spüre« – und ihre Augen starrten über Siegels Schulter hinweg Gott weiß wohin –, »dass es nicht nur seine Sehnsucht nach der Wildnis ist, sondern es ist beinah so, als wäre er dort draußen, im Hinterland, wo es nur Schnee und Wälder und ein paar Biber und Elche gibt, auf etwas gestoßen, was Stadtbewohner ihr ganzes Leben lang nie finden, dessen Existenz sie sich vielleicht nicht einmal bewusst sind, und das vermisst er jetzt, das, was die Stadt in ihm tötet oder vor ihm verbirgt.« Ich will verdammt sein, dachte Siegel, die meint es ernst. »Und genau das kann ich Paul nicht sagen«, seufzte sie. »Er macht sich über Irving lustig, nennt ihn einen Idioten. Aber es ist eine göttliche Melancholia, und es ist das, was ich an ihm liebe.«

Du liebe Zeit, *das* war es also.

Melancholia. Zufällig hatte sie dieses Wort gebraucht, den Begriff der Psychologen, anstelle von »Melancholie«. Der kleine Professor Mitchell, wie ein Spatz lässt er sich an seinem Pult in der Anthropologievorlesung nieder, Hände in den Manteltaschen, und redet über Psychopathie bei den Ojibwa-Indianern. Nun, die alte Datenbank funktionierte ja doch noch. »Sie müssen bedenken, dass diese Gruppe ständig am Rand des Hungertodes lebt«, sagte Mitchell in jenem abschätzigen, um Nachsicht bittenden Ton, der besagte, dass für ihn alle Kulturen gleich verrückt waren; nur die Form war verschieden, der Inhalt nie. »Es ist gesagt worden, das Ethos der Ojibwa sei mit Urangst gesättigt«, und fünfzig Stifte schrieben den Satz Wort für Wort gleichzeitig mit. »Von Kindheit auf sind die Ojibwa ans Hungern gewöhnt; die ganze Aufzucht des männlichen Kindes dient nur einem einzigen Zweck: es zu einem großen Jäger zu machen. Nachdruck liegt auf isoliertes Alleinsein, Selbstgenügsamkeit. Unter den Ojibwa gibt es keine Sentimentalitäten. Sie führen eine strenge, karge und öde Existenz, immer nur einen Schritt vom Tod entfernt. Bevor er in den Zustand des Mannesalters eintreten darf, muss ein

Knabe eine Vision haben, nachdem er einige Tage gehungert hat. Oft hat er nach dieser Vision das Gefühl, einen übernatürlichen Gefährten bekommen zu haben, und es gibt die Tendenz, sich mit diesem zu identifizieren. Draußen in der Wildnis, mit einer Handvoll Biber, Rehe, Elche und Bären zwischen sich und dem Hungertod: der Ojibwa-Jäger, gewohnt, seine Gefühle unter Kontrolle zu halten, spürt eine Konzentration dunkler kosmischer Kräfte gegen sich, und ausschließlich gegen sich, zynische Terroristen, wilde und amoralische Gottheiten« – an dieser Stelle ein zerknirschtes Lächeln – »welche seine Zerstörung im Sinne haben... in dieser Lage kann die Identifikation total werden. Werden solche paranoiden Tendenzen durch das höchst kompetitive Leben in den Sommerdörfern zur Zeit der Reisernte und des Beerenpflückens oder auch durch den Ruch eines von persönlichem Groll besessenen Schamanen noch gesteigert, dann wird der Ojibwa höchst anfällig für die allgemein bekannte Windigo-Psychose.« Siegel kannte das Windigo natürlich. Er erinnerte sich, wie er einmal fast den Verstand verloren hatte vor Angst, als in einem Lager am offenen Feuer von einem riesigen Skelett aus Eis erzählt wurde, das brüllend durch die kanadische Wildnis brach, Hände voll Menschen vom Boden auflas und sich von ihrem Fleisch nährte. Aber er hatte die Alpträume seiner Knabenzeit lange genug hinter sich, um im Stillen für sich über die professorale Beschreibung eines halbverhungerten Jägers lachen zu können, der, schon ganz krumm, sich mit dem Windigo identifizierte und selber zum wahnsinnigen Kannibalen wurde und das ganze Hinterland nach mehr Nahrung durchstöberte, nachdem er sich bereits an den Leibern seiner nächsten Familienangehörigen gütlich getan hatte ... »Stell dir das mal bildlich vor«, hatte er zu Grossmann in jener Nacht über den Bierseideln voller Würtzburger gesagt. »Veränderte Wahrnehmungsfähigkeit. Gleichzeitig, auf Gott weiß wie vielen Quadratmeilen, schauen hunderte, tausende von diesen Indianern einander aus den Augenwinkeln an und sehen weder Männer noch Frauen noch etwa gar kleine Kinder. Was sie sehen, sind große, fette, saftige Biber. Und, Grossmann, diese Indianer haben Hunger. Ich meine, mein Gott. Eine große Massenpsychose. Soweit das Auge reicht« – er gestikulierte dramatisch – »Biber. Schmackhaft, saftig, fett.«

»Wie lecker«, hatte Grossmann mit einer Grimasse kommentiert. Sicher, es war unterhaltsam, wenn auch auf verdrehte Weise. Und es lieferte den Anthropologen etwas, um darüber zu schreiben, und den Leuten auf Partys etwas, worüber sie reden konnten. Faszinierend, diese Windigo-Psychose. Und seltsam genug, dass ihre ersten Stadien von einer tiefen Melancholia gekennzeichnet waren. Das war es, was die Erinnerung in ihm ausgelöst hatte, ein Nebeneinander von Wörtern, ein zufälliger Umstand. Er fragte sich, warum Irving Loon seit zwei Tagen nicht gesprochen hatte. Er fragte sich, ob Debby Considine etwas von diesem Bereich der Ojibwa-Persönlichkeit wusste. »Und Paul begreift's einfach nicht«, sagte sie gerade. »Natürlich war's eine Schweinerei, sich bei der Polizei zu beschweren, aber ich lag nächtelang wach und dachte an ihn, wie er da oben auf diesem Baum hockte wie ein böser Geist und auf mich *wartete.* Ich glaub, ich hab mich immer ein bisschen vor sowas gefürchtet, vor etwas Unvertrautem, etwas, das ich nicht im Griff hatte. Ja, doch«, gestand sie mit hochgezogenen Augenbrauen, »ich hab sie alle trotzdem im Griff gehabt. Ich wollte das nicht, Siegel, Gott ist mein Zeuge. Aber ich kann nichts dafür.« Siegel hätte ums Haar gesagt: »Nimm ein wenig weniger Maskara oder sowas«, kam aber wegen einer Erkenntnis, die seit Lupescus Weggang in seinem Hinterkopf gelegen hatte, davon ab: ein halbentwickelter Eindruck von der Rolle, die Lupescu für diese Gruppe gespielt hatte; und es ging ihm auf, dass sein Double so etwas niemals gesagt hätte. Man konnte ihr die Absolution erteilen oder Buße auferlegen, aber keinen praktischen Rat geben. Behaglich in einem Pfarrhaus des Verstandes steckend, blickte Cleanth Siegel, S. J., in tiefer Billigung vor sich hin. »Um für einen Moment das Thema zu wechseln«, sagte Siegel, »wissen Sie, hat Irving Ihnen etwas über das Windigo erzählt?«

»Komisch, dass Sie's erwähnen«, sagte sie, »es handelt sich um eine Naturgottheit oder so was in der Art, das sie verehren. Ich schau mir die Welt nicht durch die Brille der Anthropologen an, sonst könnt ich Ihnen mehr darüber sagen. Aber als Irving zuletzt etwas sagte – er spricht *so* gut Englisch –, da sagte er einmal: ›Windigo, Windigo, verlass mich nicht.‹ Dieses Poetische, Religiöse an ihm ist so rührend.« Und ziemlich genau da begann Siegel sich wirklich unbehaglich zu fühlen, als er diesen winzigen, ärgerlichen Missklang hörte. Poetisch? Religiös? Ha, ha. »Ich fürchte«, sagte sie, »ich werde so deprimiert, so erschöpft. Schon als kleines Mädchen hatte ich immer Angst, von einem Meteoriten getroffen zu werden, ist das nicht dumm? Dieser Terror des Unvertrauten, diese Art Willkürlicher Akt Gottes oder so. Vor zwei Jahren wurde es ärger, immer ärger, und ich wollte mit einem Schlag nach Art von Debby Considine alles in Ordnung bringen, indem ich ziemlich viel mehr als die vorgeschriebene Dosis Seconal schluckte. Und dann, als es nicht funktionierte, bin ich doch wieder in Form gekommen und fühle mich seit zwei Jahren high, und ich glaub, jetzt bin ich wieder mal reif für ein Tief.«

Siegel setzte sich plötzlich auf und starrte geradeaus vor sich hin, auf die gekreuzten STÄBE an der Wand. Er hatte allmählich genug davon. Lupescu hatte unrecht: Man eignete sich diese Art Dinge überhaupt nicht schnell an. Es war ein langsamer Prozess, und gefährlich, weil es im Lauf der Ereignisse passieren konnte, dass man nicht nur sich selbst, sondern auch seine Schäfchen zerstörte. Er ergriff ihre Hand. »Los«, sagte er, »ich möchte Irving kennenlernen. Sagen Sie zur Buße zehn Ave Maria auf und üben Sie gute tätige Reue.«

»Du lieber Gott«, murmelte sie, »es tut mir herzlich leid…«, und offenbar tat es das, aber vermutlich nur, weil das Gespräch unterbrochen worden war. Sie bahnten sich ihren Weg an mehreren reglosen Körpern in der Küche vorbei. Die Cha-cha-cha-Platte war durch Bartóks *Konzert für Orchester* ersetzt worden, und Siegel lächelte grimmig, weil es so genau passte; weil er wusste, dass er sich jetzt alles ungerührt anhören konnte, nur nicht diesen wahnsinnigen Ungarn, aber im Klang einer ganzen Streichergruppe, die plötzlich Amok lief, die kreischte wie ein an der Wurzel ausgerissener Alraun und sich selbst entzweizureißen versuchte, fing der flinke kleine Machiavelli in ihm an, mit Gegenständen nach dem *Mensch* zu werfen, der soeben ins Erwachsenenalter eingetreten war und noch immer und für ewig für Leute wie Debby Considine und Lucy und sich selber und die andern Toten Schiwa saß und versuchte, das alles in Gang zu bringen; und er fragte sich, ob Lucys Diagnose von Lupescus Problemen vielleicht nicht doch gestimmt hatte und ob er, Siegel, sich nicht eines Tages mit einem Schweinefötus unter dem Arm vor irgendeinem Spiegel wiederfinden würde, während er vor sich selbst Freud'schen Jargon rezitierte, um den richtigen Tonfall zu finden.

»Irving Loon«, sagte Debby, »Cleanth Siegel.« Irving Loon stand bewegungslos da und schien ihre Gegenwart nicht zu bemerken. Debby legte ihre Hand auf den Arm des Ojibwa und streichelte ihn. »Irving«, sagte sie, »bitte, sag etwas.« Verflucht seien die Torpedos, dachte Siegel. Volle Kraft voraus. »Windigo«, sagte er ruhig, und Irving Loon sprang auf, als wäre ihm ein Eiswürfel den Kragen hinuntergerutscht. Gezielt starrte er Siegel an, um ihn plötzlich mit schwarzen, durchdringenden Augen zu prüfen. Dann ließ er seinen starren Blick zu Debby wandern und lächelte gezwungen. Er legte den Arm um ihre Hüfte und schnüffelte mit dem Mund an ihrer Wange herum. »Debby«, murmelte er, »mein schöner kleiner Biber.«

»Ist das nicht süß?«, fragte Debby und lächelte Siegel über die Schulter an. Mein Gott, dachte Siegel. Bitte nicht. Biber? Jetzt wart mal kurz. Jemand zog Siegel am Jackenärmel, und er drehte sich rasch und nervös um und sah Brennan. »Kann ich Sie eine Minute allein sprechen?«, fragte Brennan. Siegel zögerte. Irving Loon und Debby flüsterten einander Zärtlichkeiten zu. »Ja, klar doch«, sagte Siegel abwesend. Sie knirschten mit den Sohlen über das zerbrochene Glas der Fenstertüren hinweg und traten auf einen kleinen Balkon hinaus, was nicht schlecht war, denn Siegel hatte vom Schlafzimmer allmählich genug. Der Regen war in einen leisen Nebel übergegangen, und Siegel schlug den Kragen seiner Jacke hoch. »Man sagt mir, Sie seien ein ganz sympathischer Bursche«, fing Brennan an, »und ich nehme an, Sie wissen, was zwischen Debby und mir ist. Die Wahrheit ist, dass mich dieser Indianer sehr beunruhigt.«

»Mich auch«, wollte Siegel sagen, aber dann fing er sich. Diese Theorie, warum Irving Loon nicht sprach, beruhte auf bloßer Vermutung; und diese ganze absurde, surreale Atmosphäre hatte letztendlich auf ein Gehirn eingewirkt, das seinen Gefühlen bekanntlich manchmal freien Lauf ließ. Also sagte er stattdessen: »Ich kann schon verstehen, was Sie meinen.« Brennan machte auf schlau. »Ich vermute, er wendet Hypnose auf sie an«, vertraute er Siegel an und schoss rasche Blicke zurück nach drinnen, um zu sehen, ob jemand zuhörte. Siegel nickte in tiefer Weisheit. Brennan fuhr sodann fort, die Baumkletterepisode aus seiner Sicht zu erklären, und als er damit fertig war, war Siegel, der nicht aufgepasst hatte, überrascht, als er bei seinem ersten Blick auf die Uhr an diesem Abend sah, dass es schon fast elf war. Ein paar Leute waren gegangen, und die Party zeigte die ersten Anzeichen ihres Niedergangs. Siegel wanderte in die Küche hinaus, wo er Scotch fand und sich einen Scotch auf Eis machte, tatsächlich sein erster Drink, seit er eingetroffen war. Er stand in der Küche, allein, und versuchte, die Dinge zu ordnen. Erste Phase, Melancholia. Zweite Phase, direkte Gewalt. Wie viel hatte Irving Loon getrunken? Wie viel hatte das Hungern mit der Psychose zu tun, wenn sie einmal angefangen hatte? Und dann traf ihn die Ungeheuerlichkeit dessen, was er dachte. Wenn diese Vorahnung richtig war, dann hatte Siegel die Macht, für diese Gemeindeangehörigen eine Art Wunder zu wirken, ihnen eine sehr handfeste Erlösung zu bieten. Ein Wunder, das einen Gastgeber mit einschloss; ja; aber keins wie die heilige Eucharistie. Neben Irving Loon war er der Einzige, der eingeweiht war. Und wie ihn eine nüchterne Stimme erinnerte, war er offenbar der Einzige, der die Windigo-Psychose als einzige Information über die Ojibwa hatte. Vielleicht war das ein Fall von Verallgemeinerung, mit Irving Loon konnte eine Vielzahl von Dingen nicht stimmen. Und doch, vielleicht … eine Gewissensentlastung. Vincent trat an ihn heran und wollte reden, aber er wehrte ihn ab. Siegel hatte genug Beichten abgenommen. Er fragte sich, wie es sein Vorgänger angestellt hatte, so lange Beichtvater zu bleiben. Ihm ging auf, dass Lupescus Kommentar zum Abschied keine betrunkene Witzelei gewesen war; sondern dass der Mann, so wie Kurtz auch, tief ins Herz einer Finsternis sah, aus dessen Innerem nie ein Zahn Elfenbein gelangte, sondern von jedem seiner Sammler eifersüchtig gehortet wurde, um mit Riesenanstrengung, Stück für Stück, Tempel zum Ruhme irgendeiner Imago oder Obsession zu erbauen, sie innen mit den Kunstgegenständen des Traums und Alptraums auszuschmücken und sie schließlich gegen einen feindlichen Wald zu verschließen, jeder »Agent« in seinem eigenen Elfenbeinturm, der keine Fenster hatte, um hinauszuschauen, sich weiter und weiter nach innen wendend, um eine kleine Flamme hinter dem

Altar anzubeten. Und auf seine Weise war auch Kurtz ein Beichtvater gewesen. Siegel schüttelte den Kopf, um ihn wieder klarzukriegen. Jemand hatte im anderen Zimmer ein Würfelspiel angefangen, und Siegel setzte sich an den Küchentisch, wippte mit einem Bein und schaute zu dem Gedränge hinein. »Ja, ihr seid eine hübsche Bande«, murmelte er.

Er begann zu denken, er könnte allen diesen Menschen sagen, sie sollten sich zum Teufel scheren, und dann noch bei Rachel vorbeischauen, als er Irving Loon wie im Traumzustand unter dem Schweinefötus hereinkommen sah, mit starr nach vorn gerichteten Augen, die nichts sahen. Siegel, wie gelähmt, schaute zu, wie Irving Loon ins Schlafzimmer ging, einen Stuhl an eine Wand zog und einen der STÄBE vom Haken hob. Verzückt und von dem, was er tat, vollkommen in Anspruch genommen, fing der Indianer an, die Schubladen von Lupescus Schreibtisch zu durchwühlen. Sachte schlich sich Siegel vom Tisch weg und ging auf Zehenspitzen zur Schlafzimmertür. Irving Loon, der noch immer vor sich hinsang, kam lächelnd mit einer Schachtel Munition Kaliber 30 zum Vorschein. Vergnügt begann er, das Magazin mit Patronen zu füllen. Siegel zählte die Patronen, als er sie hineinsteckte. Das Magazin fasste zwanzig. Okay, sagte Siegel zu sich, da haben wir's. Augenblick der Wahrheit. *Espada* zerbrochen, *Muleta* verloren, Pferd mit raushängenden Därmen aufgeschlitzt, Picadore krank vor Angst. Fünf Uhr nachmittags, die Menge brüllend. Miura-Stier, scharfe Hörner, stürmt herein. Er schätzte, dass etwa sechzig Sekunden für eine Entscheidung blieben, und jetzt, im Wissen, dass das Wunder letztlich *tatsächlich* in seinen Händen lag, wurde die stille kleine Jesuitenstimme so großmäulig und irgendwie überschäumend fröhlich, wie es Siegel einmal empfunden hatte, als er fünfhundert hysterische Studienanfänger auf die Mädchenschlafräume zulaufen sah und wusste, er hatte dies alles in Bewegung gesetzt. Und die andere, sanfte Seite in ihm sagte Kaddisch-Gebete für die Toten und beklagte die Fröhlichkeit des Jesuiten, sah aber immerhin ein, dass diese Art Buße so gut war wie jede andere; es war bloß kein ganz glücklicher Umstand, dass Irving Loon als Einziger sich Fleisch und Blut teilen würde, göttlich oder nicht. Beide Seiten in ihm brauchten nicht länger als fünf Sekunden, um sich darauf zu verständigen, dass eigentlich nur noch ein Weg offenblieb.

Ruhig schlenderte Siegel durch die Küche zurück, durch den Salon, ließ sich Zeit, wurde von den Würfelspielern nicht beachtet, öffnete die Tür, schritt in den Korridor hinaus und zog die Tür hinter sich zu. Pfeifend spazierte er hinunter. Auf Höhe des ersten Stockwerks hörte er die ersten Schreie, das dumpfe Hämmern von Schritten, das Klirren zerschmetterten Glases. Er zuckte die Schultern. Ach, zum Teufel, in Washington waren schon seltsamere Dinge passiert. Erst als er die Straße erreicht hatte, hörte er die erste Salve aus dem STAB-Feuer.

MEIN SCHÖNER KLEINER BIBER

Nachwort von Clemens Setz

Thomas Pynchon ist der Autor meiner Jugend. Das bedeutet allerdings nicht, dass ich seinen Einfluss bereits überwunden hätte, im Gegenteil, ich schwelge immer noch regelmäßig in seinen herrlichen Erfindungen, den ungeheuren Maschinerien seiner Werke. Er ist der vielleicht letzte Großmeister im Herstellen von Romanen in Form von Wunderkammern. Als ich mit etwa zwanzig zum ersten Mal *Die Enden der Parabel* las und zum Kapitel über »Byron, die unsterbliche Glühbirne« kam, fand ich mich nach der Lektüre vollkommen verwandelt. So etwas war tatsächlich erlaubt? So durfte man schreiben? So etwas konnte gelingen? Ein ganzes Kapitel über die Erlebnisse einer Glühbirne, die die Eigenschaft besitzt, niemals durchzubrennen! Normalerweise handelten Romane doch von ernstzunehmenden Menschen, die an irgendeinem geschichtsernsten Problem herumlaborierten. Aber hier war es eine Glühbirne.

Und ihr Schicksal beschäftigte mich viel mehr als das von Raskolnikow, Humbert Humbert oder der armen Effi Briest. Jetzt merkte ich auch, dass die Hauptfigur des Buches, Tyrone Slothrop, ebenfalls mehr mit einer Glühbirne als mit einem tragischen Romanfigurmenschen gemeinsam hatte. Er wirkte wie mit elektrischem Strom in die Seiten des Romans gemalt, er verhielt sich mal sprunghaft, mal zweidimensional, mal wie ein bloßes Prinzip, dann wieder warf er mit Torten aus Kampfflugzeugen. Aber zurück zu Byron, der göttlichen Birne: Er

> *beginnt seine Laufbahn in einer Opium-und-Lesben-Höhle in Charlottenburg, fast in Sichtweite des Standbilds von Werner von Siemens, eingeschraubt in einen Wandleuchter, von dem aus er zum Augenzeugen der mehr sehnend süchtigen Spielarten republikanischer Dekadenz wird. Nach und nach lernt er alle Kollegen in der Kaschemme kennen, Benito-die-Birne im Nachbarleuchter, der stets nur seine Flucht plant, Bernie am Ende des Korridors in der Toilette, der jede Menge Wasserforscherwitze zu erzählen weiß, seine Mutter Brenda in der*

Küche, die von Haschischbuletten berichtet, von Dildos, die ganze Fluten von paregorischen Orgasmen in die Kapillarsysteme des Schoßes zu pumpen vermögen, von Gebeten an Astarte und Lilith, die Königin der Nacht, und Reisen in die Wahre Nacht Des Anderen, kalt und nackt auf Linoleumfußböden nach Tagen ohne Schlaf, wenn Träume und Tränen …

Byron durchlebt die buntesten Abenteuer, verschiedene dunkle Mächte sind ihm aufgrund seiner Unsterblichkeit auf den Fersen, aber am Ende entdeckt er eine Möglichkeit, wie man

mit anderen elektrischen Geräten, in Haushalten, in Fabriken, auf den Straßen, Verbindung aufnimmt. Alle haben sie ihm etwas zu erzählen. Das Muster nimmt Gestalt an in seiner Seele (was auch das alte Wort war für den Kohlefaden in den frühen Birnen …), und je umfassender und klarer es ihm erscheint, desto verzweifelter wird Byron. Eines Tages wird er alles wissen – und doch so machtlos sein wie zuvor. Sein ungestümer Jugendtraum, die Vereinigung der Birnen aller Länder, scheint jetzt unmöglich – das

Netz ist weit offen, alle Botschaften können abgehört werden, es sitzen genügend Verräter draußen in den Leitungen. Propheten haben traditionsgemäß kein langes Leben: sie werden entweder gleich ermordet, oder man verwickelt sie in einen Unfall, der ernst genug ist, um sie zum Nachdenken zu veranlassen, und meistens ziehen sie sich dann zurück. Byron jedoch ist ein noch besseres Schicksal zugemessen. Er ist verdammt, bis in alle Ewigkeit weiterzuexistieren, wissend um die Wahrheit und doch machtlos, etwas zu verändern. Nicht länger mehr wird er versuchen, von seinem Rad abzuspringen. Sein Zorn und seine Frustration werden anwachsen ins Grenzenlose, und er, die arme, wunderliche Birne, wird plötzlich merken, daß er es genießt ...

Wie ging sowas? Wie baute man solche Absätze, solche Gedanken? Pynchon nahm eine rein cartoonhaft anmutende Idee und trieb sie so weit, bis das Schicksal des cartoonhaften Helden einem auf ganz eigentümliche Weise das Herz anzuheben vermochte. Die am Ende weltweit vernetzte, aber in tragischer Stasis verharrende Birne, diese

Starrseele voller Welt, das war doch ich. Ich vor dem Bildschirm, nachts. Für mich gehört die Geschichte von Byron zum Erhabensten, was die amerikanische Literatur im letzten Jahrhundert hervorgebracht hat.

Seither messe ich den Rang von Autorinnen und Autoren gern an der Art, wie sie mit unbeseelten Dingen umgehen. Wie lebendig sie sie sein lassen, wie viel inneres, wenn auch vielleicht stummes Rederecht und welche dramaturgische Leuchtkraft sie ihnen zugestehen. Ähnlich tief wie die Geschichte von Byron rührte mich etwa die Abschiedsrede eines Kugelblitzes in dem 2006 veröffentlichten Roman *Gegen den Tag*. Der Kugelblitz ist einem kleinen Jungen »zugelaufen« und existiert eine Weile als eine Art Haustier in dessen Obhut.

> *Langsam wurden sie dicke Freunde. Von da an wich der Kugelblitz, oder ›Skip‹, Merle nie sehr weit von der Seite. Merle begriff, dass er nun einem Verhaltenskodex verpflichtet war, über dessen Einzelheiten er fast völlig im Dunkeln tappte. Jede kleinste Verletzung, die Skip missfiel, konnte das elektrische Phänomen verscheuchen,*

vielleicht endgültig, vielleicht nicht ohne Merle zuvor auf der Stelle zu braten, Merle wusste es einfach nicht.

Hat irgendjemand die Leichtverscheuchbarkeit des Lebens deutlicher eingefangen als in diesen Zeilen? Sie verwandeln mich jedes Mal beim Lesen in genau das: einen Kugelblitz. Ein seltenes Phänomen, bei dem eine kleine falsche Bewegung genügt, um sie von der Erde zu verscheuchen. Eines Nachts, irgendwo in Kansas (wo sonst?), beginnt ein Gewitter:

»Sie rufen mich«, sagte Skip. »Ich muss gehen.«
»Deine Familie«, mutmaßte Dally.
»Schwer zu erklären.«
»War auch gerade dabei, dich lieb zu gewinnen. Besteht vielleicht die Möglichkeit –«
»Dass ich wiederkomme? Man geht sozusagen wieder im großen Ganzen auf, so funktioniert das, es wäre dann also eigentlich nicht mehr ich.«

Und ich saß da und heulte über den Abschied eines Kugelblitzes. Dude. Wie war das möglich?

Pynchons wahrscheinlich witzigster Roman, *Mason & Dixon*, enthält eine magische kleine Episode, in der »Vaucansons Ente« auftritt, ein Automaton, den es im 18. Jahrhundert tatsächlich gab. Sie konnte nicht viel mehr, als in ihren mechanischen Schlund eingestreute Nahrung zu verdauen, d.h. in ihrem schlauchförmigen Inneren zu zermalmen. Aber aus irgendeinem Grund beginnt die mechanische Ente im Roman, anstatt sich mit dem Verdauen zu begnügen, plötzlich zu denken. Das ist immer der gefährlichste Schritt – und genau das, was wir als das *Pynchoneske* bezeichnen. Die Ente hat es vor allem auf einen Koch namens Armand Allegre abgesehen. Dieser erscheint ihr für alle Ententode der Welt verantwortlich. Sie tadelt ihn, stalkt und bedrängt ihn, und schließlich – verliebt sie sich in ihn. In Überschallgeschwindigkeit rauscht sie unsichtbar um ihn und versieht das Amt eines ungebetenen Schutzengels. Allegre klagt sein Leid:

> *Ein Weinfaß, das von selbst aus einem hochgelegenen Fenster direkt auf meinen Kopf herabfiel, wurde unsichtbarer Weise abgelenkt und zerkrachte, ohne Schaden anzurichten, in zer-*

spritzten roten Radien auf dem Pflaster. Im Weg eines durchgehenden Sechsgespanns wurde ich plötzlich am Kragen, über Hüte und Gesichter der rasch zusammenströmenden Menge in die Luft gehoben und in Sicherheit befördert. Ich konnte ein solches Maß von Beschütztheit (worin ich die Liebe als Bestandteil erst erkannte, als es zu spät war) niemandem als der Ente zuschreiben.

Pynchon gelingt es in dieser Episode, die Hilflosigkeit dieses Supermanentenwesens, kurz, die Hilflosigkeit der Liebe an sich einzufangen, die tragische Tendenz unserer Zuneigung, immer ins Leere auszustrahlen, ins Chaos, und das Objekt der Begierde beständig zu verfehlen. Seit Hans Christian Andersen hat kein Autor derart fruchtbare Expeditionen in die Seelenwelt der Dinge und Beinahetiere unternommen. Pynchon beginnt niemals, wie zahllose kanonische Beispiele aus der amerikanischen Literatur, »im normalen Alltag« und findet dann in diesem das Exemplarische, Besondere, Universelle, nein, er beginnt jedes Mal bereits beim Besonderen – und findet das Besondere darin.

Und hier nun also eine wiederentdeckte Erzählung, eine der frühesten, die Pynchon publiziert hat. In *Sterblichkeit und Erbarmen in Wien*, interessanterweise nicht in die spätere Juvenilia-Sammlung *Spätzünder* aufgenommen, ist es ein Schweinefötus, der das Pynchoneske, die vor Lebendigkeit brodelnde außermenschliche Welt vertritt. Der Fötus wird »an Stelle des Mistelzweigs« an einen Türrahmen genagelt, mit der Begründung, die in Kürze eintreffenden Partygäste würden ihn zweifellos nicht bemerken. In einem späteren Werk wären die Gäste der Party mit dem baumelnden Schweinefötus zweifellos ins Gespräch gekommen, wahrscheinlich hätte er ihnen sogar etwas vorgesungen. Hier wird er, ein groteskes Symbol der Unschockbarkeit, lediglich mit Pistazien beworfen.

Alles, was später in Pynchons Werk in voller Pracht existiert, ist hier im Knospenstadium vorhanden. So heben sich etwa gleich zu Beginn zwei Augenbrauen als »Zwillingsparabeln«: ein erstes zaghaftes Aufblitzen jener mathematischen Form, die später zwei große Werke einleiten wird: die im Traum fliegenden V2-Raketen am Beginn von *Die Enden der Parabel* und die Flugkurven der Schneebälle im ersten Satz von *Mason & Dixon*. Herz und Motor der Erzählung ist – wie auch in der viel berühmteren und häufig anthologisierten frühen Geschichte *Entropie* – eine Party. Die Menschen auf der Party sind das, was man damals »Hipster« nannte. Auch heute bezeichnet man bestimmte Menschen mit diesem Wort, aber die Bedeutung hat sich so stark gewandelt, dass man vielleicht an den alten Sinn des Wortes erinnern muss. Mitte der 1950er Jahre bezeichnete es einen weißen (meist männlichen) Menschen, der seine Gesten, seinen Lebensrhythmus und seine Ansichten an dem orientierte, was er aus dem Verhalten von Schwarzen (vor allem schwarzen Jazzmusikern wie Dizzy Gillespie oder Charlie Parker) als dessen Essenz herauszulesen meinte. Sprechweise, Wortneuschöpfungen, Barttracht, Spielarten der Promiskuität, all das versuchte er zu »imitieren«, auch wenn vieles davon seiner Fantasie entsprang. Die Hipster verfügten über einen eigenen Jargon, der Coolness und Durchrhythmisiertheit signalisieren sollte. Sie waren »hip«, das heißt eingeweiht in den Schwung des Moments, in das Einverständnis-ohne-echtes-Verstehen, in eine oberflächliche Übereinkunft mit anderen. An die Stelle von »to like«

trat das viel vagere Konzept von »to dig«. Ihr Gegenbild war der »square«, der brave, mit seiner Arbeit verschmolzene Bürger. Die Hipster pflegten eine bohemienartige, von Party zu Party torkelnde Existenz, reich an lebenskünstlerischer Improvisation und neuartiger Toleranz gegenüber allen Bevölkerungsgruppen, aber ebenso reich an Peinlichkeit, Mangel an politischer Einsicht und ganz dümmlichen Momenten von *Blackface*. In seinem 1956 veröffentlichten Essay mit dem heute etwas misstönenden Titel *The White Negro* analysiert Norman Mailer den Hipster sehr klug als Phänomen weißen Imitationswahns von pathologischen Ausmaßen. Der Hipster sei, so Mailer, »a philosophical psychopath«. Ihm gehe es allein um die Erfüllung von Lustbedürfnissen, aber er kleide es in ein Gewand von Sozialrevolution und Aufklärung. Der Hipster macht sich nicht die Mühe, den Buddhismus zu studieren, sondern deutet einfach mit dem Zeigefinger auf eine Buddhastatue und sagt: »Yeah, I dig« – und geht anschließend mit der jungen Buddhastatuenbesitzerin, die genauso wenig vom Buddhismus versteht wie er, ins Bett, worauf beide am nächsten Morgen tatsächlich ein wenig vom Buddhismus verstanden zu haben glauben –

und völlig verwirrt auseinandergehen. So ungefähr muss man sich, indem man für »Buddhismus« einmal »Kommunismus«, »Jazz« oder »Gleichberechtigung« einsetzt, den Weltzugang der historischen Hipster vorstellen.

Unter den Partyleuten in *Sterblichkeit und Erbarmen in Wien* ist es nicht ein Schwarzer, sondern eine andere Sehnsuchts- und Projektionsfigur weißer Amerikaner, der »Indianer«, der Ureinwohner, welcher mit der vollen Imitationswucht getroffen wird. Irving Loon heißt er, ist Ojibwa, und er tut im Grunde nicht viel mehr, als einfach in einer Ecke zu stehen und zu existieren. Aber Siegel, der eigenartig ungeformte und scheue Protagonist der Geschichte, sieht Loon fast per Telepathie an, was in ihm vorgehen muss. Warum ist er traurig? Das ist doch klar, Siegel erinnert sich, in einer Anthropologievorlesung über eine bestimmte Psychopathologie bei den Ojibwa gelesen zu haben: die Windigo-Halluzination. Ja, das muss diesen Loon beschäftigen. Die Halluzination sei ein wichtiges Stammesritual, jeder junge Mann müsse sie einmal haben. Durch großen Hunger bringe man sich dazu, seine Mitmenschen als Beutetiere wahrzunehmen:

> *»Gleichzeitig, auf Gott weiß wie vielen Quadratmeilen, schauen hunderte, tausende von diesen Indianern einander aus den Augenwinkeln an und sehen weder Männer noch Frauen noch etwa gar kleine Kinder. Was sie sehen, sind große, fette, saftige Biber. Und, Grossmann, diese Indianer haben Hunger. Ich meine, mein Gott. Eine große Massenpsychose. Soweit das Auge reicht« — er gestikulierte dramatisch — »Biber. Schmackhaft, saftig, fett.«*

Später, in den Romanen, werden ähnlich wunderliche Alteritätsparodien, in denen »primitive« Vorstellungen bei Figuren zu barocken Visionen führen, immer wieder vorkommen, etwa im »Kirgisischen Licht« oder dem mystischen Selbstmordfetisch der Hereros in *Die Enden der Parabel*. Am Ende der Geschichte kommt es zu einem Amoklauf: Loon kramt eine Pistole aus einer Schublade und beginnt auf die Partygäste zu schießen. Aber es bleibt unerzählt, ob er das tut, weil diese ihm tatsächlich als Biber erscheinen, oder weil er einfach genug hatte vom Angestarrt- und Durchschautwerden von dem unterm Schweinefötus versammelten Partyvolk.

Über dieses Buch

Im Frühjahr 1959 erschien in *Epoch*, der Literaturzeitschrift der Cornell University, unter dem rätselhaft schönen Titel *Mortality and Mercy in Vienna* eine Erzählung, deren Autor, 22 Jahre alt, wenige Jahre später mit den Romanen *V.* (1963) und *Die Versteigerung von No. 49* (1966) berühmt werden sollte. Es war seine zweite Veröffentlichung, und auch wenn Thomas Pynchon damals noch nicht der Autor war, den heute alle Welt kennt, ist darin doch schon Vieles von dem angelegt, was uns an seine späteren Bücher erinnert. *Sterblichkeit und Erbarmen in Wien* – der Titel ist ein Zitat aus Shakespeares *Maß für Maß* – erzählt von einer bizarren Party, auf der ein Schweinefötus ebenso eine Rolle spielt wie ein Original von Paul Klee, einer Party voller kurioser Begebenheiten und Begegnungen mit Leuten, denen »man die Absolution erteilen oder Buße auferlegen, aber keinen praktischen Rat geben konnte«. Der Text erscheint hier auf Deutsch zum ersten Mal in einer Buchausgabe.

Thomas Pynchon ist der Autor von *V.*, *Die Versteigerung von No. 49* (*The Crying of Lot 49*), *Die Enden der Parabel* (*Gravity's Rainbow*), *Spätzünder* (*Slow Learner*), eine Sammlung von Kurzgeschichten, *Vineland*, *Mason & Dixon*, *Gegen den Tag* (*Against the Day*), *Natürliche Mängel* (*Inherent Vice*) und zuletzt *Bleeding Edge*. 1974 erhielt er den National Book Award für *Die Enden der Parabel*.

Jürg Laederach, geboren 1945 in Basel, wurde als Autor und Übersetzer (Walter Abish, William H. Gass u.a.) mehrfach ausgezeichnet. Er starb 2018 in Basel.

Clemens Setz, 1982 in Graz geboren, lebt als Autor und Übersetzer in Wien. Zuletzt: *Die Bienen und das Unsichtbare* (2020). 2021 wurde er mit dem Georg-Büchner-Preis ausgezeichnet.